CHRISTIAN RAHN

NIE MEHR UNTER WERT VERKAUFEN

WIE SIE DIE RICHTIGE PREISSTRATEGIE FÜR IHR GESCHÄFT ENTWICKLEN UND UMSETZEN.

Bibliografische Information der Deutschen Nationalbibliothek:
Die Deutsche Nationalbibliothek verzeichnet diese Publikation in der
Deutschen Nationalbibliografie; detaillierte bibliografische Daten sind im
Internet über http://dnb.dnb.de abrufbar.

Herstellung und Verlag: BoD – Books on Demand, Norderstedt

ISBN: 978-3-7494-8456-0

Eine gute Preisstrategie endet nicht mit der Kalkulation.

Eine gute Verhandlung beginnt nicht beim Aufeinandertreffen mit dem Kunden.

Die passende Preisfindung für das Produkt oder die Dienstleistung und das Durchsetzen der gewünschten Preise ist weitaus komplexer und beginnt viel früher.

Dieses Buch zeigt Ihnen nicht nur die strategischen Ansätze für ein gelungenes und wirtschaftlich sinnvolles Preiskonzept, sondern gibt Ihnen auch jede Menge praxiserprobte Umsetzungstipps an die Hand.

Persönliche Widmung für:

Dieses Exemplar wurde Ihnen überreicht von:

Inhaltsverzeichnis

Einleitung

Das Buch

Der Preis ist nicht nur eine Zahl, die man mathematisch kalkuliert hat. Er ist nicht nur die Summe aller fixen und variablen Kosten sowie eines profitablen Aufschlags.

Der Preis Ihrer Produkte und Dienstleistungen ist eine wichtige Aussage Ihres Unternehmertums und ein entscheidender Faktor bei der Wirtschaftlichkeit Ihres Unternehmens. Er ist der Wert Ihres Schaffens.

Im Preis spiegelt sich auch Ihre Positionierung am Markt wider. Gestehen Ihre Kunden Ihnen diesen Preis wirklich zu? Gelingt es Ihnen, den festgelegten Preis am Markt auch durchzusetzen?

Verhandlungen sind nicht immer einfach. Eine ganz klare Positionierung hilft dabei enorm.

Aber auch „handwerkliche" Aspekte beim Verhandeln spielen eine gewichtige Rolle.

Die gute Nachricht ist, dass Sie Ihr Verhandlungsgeschick stetig verbessern können.

Zuletzt noch der Hinweis auf die emotionale Ebene.

Denn die Kaufentscheidungen werden keineswegs rational getroffen. Wissenschaftliche Untersuchungen zeigen, dass solche Entscheidungen ganz stark emotional getroffen werden.

Sicherlich haben auch Sie schon mal vom limbischen System in unserem Gehirn gehört.

Was bietet dieses Buch *nicht*? Eine ausführliche Anleitung zur Kalkulation und Berechnungstabellen. Der Autor fokussiert sich auf die sogenannten weichen Faktoren.

Welche anderen Dinge außer Kosten, Konditionen und Margen spielen eine wichtige Rolle bei der Preisfindung?

Wie erstelle ich ein erfolgreiches Verhandlungskonzept, um letztlich auch die Preise am Markt durchsetzen zu können? Wie gestalte ich erfolgreiche Verhandlungen?

Dieses Buch hält keine Zauberformeln oder Wundersätze für die nächsten Verhandlungen parat.

Es zeigt Ihnen vielmehr, wie Sie sich mit einer wirklich gut durchdachten und klaren Strategie, einem strukturierten Konzept und einer guten Gesprächsvorbereitung selbst in eine optimale Verhandlungsposition bringen.

Das ermöglicht Ihnen dann mittel- und langfristig, den gewünschten Verhandlungerfolg zu erzielen, und zwar nicht nur bei den Preisen.

In diesem Buch fasst Christian Rahn seine langjährigen Erfahrungen aus einer Vielzahl erfolgreicher, aber auch erfolgloser Verhandlungen zusammen.

Er liefert Impulse, Lösungsansätze und Leitfäden, um eine wirtschaftlich sinnvolle Preisstrategie zu entwicklen und dann auch im Geschäftsleben umzusetzen.

Dabei fokussiert er sich auf die 3 wichtigsten Bausteine:

• Positionierung Ihres Unternehmens

• Kommunikation von Vorteilen und Mehrwerten

• Verhandlungsführung

Diese Grundlagen verknüpft er zu einem Gesamtkonzept, das eingebunden in das Marktumfeld eine Verhandlung in Richtung Bestpreis ermöglicht.

„Der Preis ist die Summe verschiedener Faktoren, die nicht alle mathematisch berechnet werden können und der Preis ist Ausdruck der Wertigkeit Ihres unternehmerischen Handelns ."

Der Autor

Christian Rahn, Jahrgang 1972, ist ein Marketing- und Vertriebsexperte sowie ein gefragter Keynote Speaker mit über 20-jähriger Erfahrung, u.a. als Projektleiter, Marketing Direktor und Geschäftsleiter, auf Unternehmensseite im internationalen Industrie- und Handelsbereich.

Heute optimiert er als Berater, Projekt Manager und vor allem als erfahrener Umsetzungsexperte bei seinen Kunden die Vertriebs- und Marketingprozesse und hilft somit den Unternehmen, sich zukunftsfähig aufzustellen.

Dabei liefert er den Unternehmern, Selbstständigen und Führungskräften Impulse, Ideen und Konzepte, um sich aus den üblichen Denkmodellen zu lösen, ausgetretene Pfade zu verlassen und neue Wege zu gehen, damit ihre Ziele auch Wirklichkeit werden.

Er hat in seiner beruflichen Karriere selber unzählige erfolgreiche Verhandlungen geführt. Dadurch kennt er die Herausforderungen des täglichen Arbeitsumfeldes bestens und weiß, dass Verhandlungen kein Kinderspiel sind.

„Erfolg kommt durch die Umsetzung von Ideen, nicht durch die Idee allein."

- Christian Rahn -

Grundlagen einer guten Preisstrategie

Einer der grundlegendsten Erkenntnisse bei meinen jahrzehntelangen Tätigkeiten und Projekten im Vertrieb und Marketing ist, dass es mit einer passenden Strategie immer besser läuft oder eben gelaufen wäre. Leider folgen immer noch zu viele Unternehmen keinem klaren Konzept, wenn es um die Preisfindung geht.

In den meisten Fällen werden, vielleicht sogar nach starrem, rein mathematischem Schema, die Preise einfach festgelegt bzw. kalkuliert. Produkt für Produkt aufs Neue. Aber eben einfach relativ konzeptlos. Dabei ist es gar nicht so schwer, ein solches Konzept zu erstellen, zu kommunizieren, regelmäßig zu kontrollieren, auszuwerten und bei Bedarf zu optimieren.

Die Preisstrategie leitet sich aus Ihren definierten und angestrebten Unternehmenszielen ab. Aus ihr leiten sich alle operativen Maßnahmen für den täglichen Vertrieb Ihrer Produkte und Dienstleistungen ab. Die Übersicht fasst die wichtigsten Sichtweisen zusammen, die Sie bei Ihrer Preisstrategie im Auge behalten sollten.

+ Preisstrategie Sichtweisen

Finazielle Sichtweise	Umsatz steigern	Kosten senken	Gewinn erhöhen
Kunden-sichtweise	Neukunden gewinnen	Kundenbindung erhöhen	Markenattraktivität stärken
Interne Sichtweise	Prozesse optimieren	Mitarbeiter qualifizieren	Shareholder Value bedienen
Nachhaltige Sichtweise	Wachstum generieren	Liquidität und Cashflow erhöhen	Marktanteil sichern oder erhöhen

Die drei wichtigsten Grundlagen für ein nachhaltig erfolgreiches **Preiskonzept** sind:

- **eine klare Positionierung.**
- **eine klare Kunden-Mehrwert-Kommunikation.**
- **eine strukturierte Verhandlungsführung.**

Eine gute oder besser noch eine glasklare Positionierung und eine gradlinige Kommunikationsstrategie sind mehr als nur hilfreich für erfolgreiche Verhandlungen. Sie sind nahezu Garanten für das Durchsetzen von Preisen.

Die Positionierung als Experte und die Präsentation der Lösung für das Problem des Kunden sind die wichtigsten Faktoren im Verkaufsgespräch. Darüber hinaus gibt es ein paar handwerkliche und psychologische Grundlagen und Fertigkeiten, die bei der Preisverhandlung hilfreich sind.

Gute Marktkenntnisse, die Bündelung von Kompetenzen und eine Differenzierung zum Wettbewerber sind beste Erfolgsfaktoren für die Argumentation in Preisgesprächen. Gutes Verhandeln kann man lernen, insbesondere was die Behandlung von Einwänden seitens des Kunden, z.B. bei Preisen, betrifft.

Die halbe Miete bei den Verhandlungen ist eine intensive Vorbereitung und Strukturierung des Gespräches.

Das Wichtigste aber, verkaufen Sie sich nicht unter Ihrem Wert!

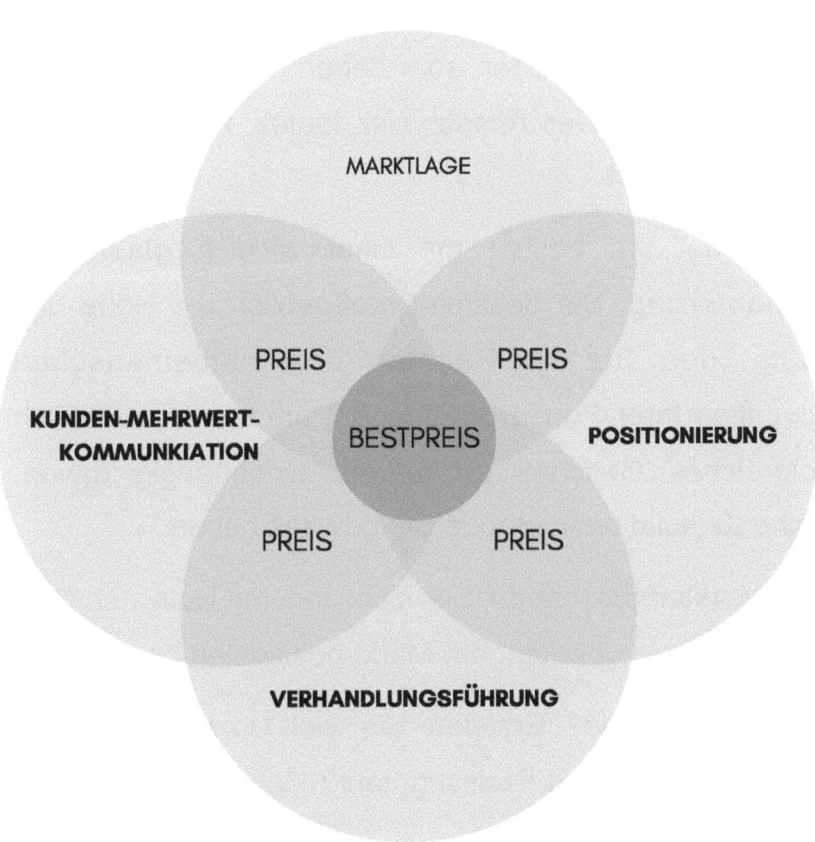

Eine klare Positionierung

Ihre Positionierung bestimmt den Preis.

Bestimmt nicht der Markt den Preis? Ist der Preis nicht auch ein Spielball zwischen Angebot und Nachfrage? Nein. Jedenfalls nicht so ausschließlich, wie wir manchmal glauben. Natürlich schlagen sich Marktentwicklungen auf den Angebotspreis nieder, aber denen kann man sehr gut entgegenwirken. Der Ansatz hier lautet: **Raus aus der Vergleichbarkeit.**

Das gelingt am besten mit einer wirklich **glasklaren Positionierung**. Sie bestimmt maßgeblich die Höhe des Profits, den Sie im Rahmen der mathematischen Kalkulation Ihrer Preise draufgeben, um ein wirtschaftlich erfolgreiches Geschäft zu führen. Unabhängig davon, welche Kalkulationsmethode Sie gewählt haben.

Beim Markteintritt haben Sie sich und Ihr Unternehmen, hoffentlich wohl überlegt, am Markt positioniert.

Wofür stehen Sie? Erzielen Sie viel Umsatz über die Masse in niedrigeren Preissegment? Haben Sie sich also für das Geschäft mit der Quantität entschieden? Oder setzen Sie doch auf die hohe Qualität und haben sich im Premiumbereich angesiedelt.

Sie sehen schon jetzt, welchen enormen Einfluss Ihre Positionierung auf Ihre Preisgestaltung hat. Eine klare Positionierung ist die Basis für ein funktionierendes Preiskonzept. Dabei spielt es keine Rolle, in welcher Branche oder welchen Preissegment Sie unterwegs sind. Potenzielle Kunden müssen Sie so wahrnehmen, wie Sie es definiert haben.

Ihre Positionierung ist die Basis für Ihren Erfolg.

Die Positionierung hat Einfluss auf Ihre Preisstrategie. Aber Sie beeinflusst auch nahezu alle anderen Bereiche Ihres Unternehmens.

Dennoch scheuen viele Unternehmer eine glasklare, zugespitzte Positionierung. Meist ist der Grund, dass sie fürchten, nicht genügend Kunden zu gewinnen und entsprechend Umsatz machen zu können.

Doch immer wieder lehrt uns das wahre Leben, dass es insbesondere die spezialisierten Produktionsunternehmen, Manufakturen, Händler, Handwerker, Gewerbetreibende und Dienstleister aller Branchen sind, die mit ihrer besonders klaren Positionierung am Markt auch äußerst erfolgreich agieren.

Natürlich ist es so, dass man mit einer ganz zugespitzten Positionierung möglicherweise den einen oder anderen Kunden „verliert" bzw. gar nicht erst bekommt. Was Sie nicht anbieten, können Sie auch nicht verkaufen. Doch die Angst ist nicht wirklich gegründet. Denn auf der anderen Seite überwiegen die Vorteile für Sie.

Die wirklich relevanten Kunden erkennen viel besser den Experten in Ihnen, der Sie eigentlich sind und sein wollen?

Kunden suchen nicht Ihre Produkte oder Dienstleistungen. Sie haben auch keinerlei Interesse an Ihren Angeboten. Kunden wollen immer nur eines. Sie wollen eine Lösung für ein aktuelles Problem, das sie gerade haben. Besser noch: Kunden suchen nach der bestmöglichen Lösung für sich. Und das suchen sie vermehrt bei einem echten Experten und Spezialisten, nicht beim Generalisten, der alles und nichts kann.

Wenn Sie Zahnschmerzen haben, gehen Sie dann lieber zu einem Allgemeinmediziner oder doch besser gleich zu einem Zahnarzt?

Mit einer klaren Positionierung zeigt man Flagge und diese vielen Vorteile wirken sich im weiteren Verlauf sehr positiv auf die Geschäftsentwicklung aus.

Im Übrigen gilt auch, dass wenn man seine Zeit und die vorhandenen Kapazitäten an Personal und Kapital auf sein eigentliches Kerngeschäft fokussiert, man nicht nur mehr Umsatz generieren wird, sondern durch die hohe Effizienz auch Kosten sparen kann.

Natürlich hilft eine glasklare Positionierung in erster Linie bei Ihrer Sichtbarkeit. Ihre angepeilten Wunschkunden nehmen sie besser wahr und es fällt Ihnen leichter, diese auch zu erreichen.

Das ist aber noch lange nicht alles. Denn auch im weiteren Verlauf von Akquise- und Verkaufsgesprächen hilft Ihnen Ihre Positionierung. Sie ist ein echtes Schwergewicht bei den anstehenden „knallharten" Preisverhandlungen und zu meisternde Einwandbehandlungen.

Es gilt also, permanent an der eigenen Positionierung zu arbeiten. Denn die Positionierung ist im Grunde niemals fertig.

Die Gründe dafür liegen auf der Hand. Das Marktumfeld verändert sich laufend, die Bedürfnisse der Konsumenten wechseln, Interessenten haben andere Erwartungen. Auch technische Neuheiten, die zu veränderten Prozessen und Möglichkeiten führen, haben zunehmend stetigen Einfluss auf die Entwicklung Ihres Geschäftsbereiches.

Das bedeutet, man muss regelmäßig seine Positionierung überprüfen, optimieren und wenn es sein muss, sich selbst neu erfinden und seinen Marktauftritt ändern.

Gerade die Digitalisierung mit ihren disruptiven Ansätzen übt diesbezüglich recht gewaltigen Druck aus. Je eher man sich den vielschichtigen Herausforderungen, die der digitale Wandel mit sich bringt, stellt, umso mehr gestaltet man diese Entwicklungen selber mit.

Man behält das Heft des Handelns in eigener Hand und wird nicht zum Gehetzten der Digitalisierung.

Insbesondere die eigene Sichtbarkeit, die erhöhte Anzahl der Touchpoints, die die Kunden heute haben und eine zeitgemäße Kommunikation auf den relevanten digitalen Kanälen, wie Social Media, spielen eine wichtige Rolle. Aber auch die Marketing- und Vertriebsprozesse des Tagesgeschäfts muss man im Blick behalten.

8 Gründe, um an Ihrer Positionierung zu arbeiten.

Aus diesen acht Gründen sollten Sie Ihre Positionierung stetig optimieren:

1. Ihr Expertenstatus

Sie wirken als echter Spezialist in Ihrem Tätigkeitsbereich deutlich kompetenter und sind damit auch zunehmend attraktiver für Ihre Zielkunden.

2. Alleinstellungsmerkmal

Sie grenzen sich deutlich von der Masse ab, inhaltlich und werbetechnisch.

3. Analoge und digitale Sichtbarkeit

Potenzielle Kunden und Kooperationspartner werden Sie nicht nur suchen, sondern auch finden, weil Sie aus der großen Masse hervorstechen.

4. Ersparnisse

Sie sparen Geld und Zeit, weil Sie eine weniger breite und tiefe Angebotspalette vermarkten müssen und Sie weniger Zeit und Kosten bei der Neukundenakquise brauchen.

5. Kundennutzen

Eine klare Positionierung ermöglicht Ihnen eine konkrete, sehr präzise Kundenansprache und einfachere Vermittlung von Mehrwerten für die Kunden.

6. Empfehlungen

Sie werden klarer wahrgenommen in Ihrer Expertise und damit auch öfter weiterempfohlen.

7. Preisstrategie

Sie werden deutlich mehr Geld verdienen können, weil die Kunden den Experten und Spezialisten höhere Preise zugestehen.

8. Employer Branding

Ihr Image als potenzieller Arbeitgeber hilft Ihnen, richtig gute Mitarbeiter zu finden. Stichwort: Fachkräftemangel.

Eine Positionierung ist dann gut, wenn es Ihnen gelungen ist, sich richtig zum Zielkunden aufzustellen. Denn nur die Wahrnehmung Ihrer Kunden ist wichtig, nicht Ihr eigenes Selbstbildnis.

Die richtige Positionierung zum Zielkunden

Je klarer Ihre Positionierung ist, und zwar aus Sicht Ihrer Kunden, umso besser wird sich Ihr Geschäft entwickeln. Ihre reale Sichtbarkeit entscheidet darüber, ob und wie potenzielle Kunden Ihr Unternehmen und Ihre Angebote überhaupt wahrnehmen.

Wie positioniert man sich richtig?

Nun, das ist nicht immer ganz so einfach. Je spezieller oder einzigartiger Ihre Dienstleistung oder Ihr Produkt ist, desto leichter ist es, sich vom Mitbewerb abzugrenzen.

Je breiter die eigne Produkt- und Dienstleistungspalette ist, desto schwieriger ist es, die richtige Positionierung zu finden. Aber es ist auf jeden Fall immer machbar.

Zu einer guten Positionierung gelangt man bereits mit den Antworten auf ein paar relativ einfachen Fragen:

- Welchen individuellen Nutzen hat der Kunde, wenn er bei mir kauft?

- Warum soll der Kunde bei mir kaufen?

- Warum soll er ausgerechnet meine Dienstleistungen buchen?

- Was unterscheidet mich von der Konkurrenz?

- Was macht mich einzigartig? Also: Was ist mein individuelles Alleinstellungsmerkmal?

- Was hindert meinen idealen Kunden am Kauf bei mir?

Schaffen Sie sich einen strukturierten Leitfaden für die Erarbeitung oder der Optimierung Ihrer Positionierung. Übrigens, die absolut perfekte Marktpositionierung gibt es wohl nicht oder eben immer nur für eine relativ kurze Zeit.

Im Mittelpunkt all Ihrer strategischen Überlegungen und Ansätze sollten immer die Kunden stehen. Betrachten Sie Ihre gesamte Wertschöpfungskette immer auch aus der Sicht Ihrer Kunden.

Das Stichwort lautet: **Kundenzentrierung**. Richten Sie Ihr gesamtes Sein und Tun an den Erwartungen der Kunden, und zwar Ihr gewünschten Topkunden, aus.

Ein einfacher und sehr schnell umsetzbarer 3-Schritte-Leitfaden, der Ihnen den Start für eine erste Erstellung beziehungsweise eine Optimierung Ihrer Positionierung erleichtert, sieht so aus:

3 Schritte für die erfolgreiche (Quick-) Positionierung

1. Ihr Angebot, Ihr Produkt, Ihre Dienstleistung

- Definieren Sie als erstes Ihr Angebot.

- Wie lässt sich das Produkt oder die Dienstleistung klar und unverwechselbar beschreiben?

- Wie ist die Preisgestaltung im Vergleich zum Markt?

- Was ist der **Nutzen bzw. Mehrwert** für die Kunden?

- Worin liegt das stärkste Alleinstellungsmerkmal meines Angebotes oder die **Abgrenzung zum Mitbewerber**?

Auch die klare Beschreibung der eigenen Persönlichkeit (Unternehmer oder Unternehmen) ist von Bedeutung.

Die Art und Weise wie Sie entweder als Personen- oder Unternehmensmarke wahrgenommen werden, spielt eine bedeutende Rolle Entscheidungsprozess des Kunden. Menschen entscheiden emotional.

2. Ihr idealer Kunde

Beschreiben Sie zunächst Ihren optimalen Kunden. Wer kauft auf jeden Fall? Machen Sie das sehr konkret.

- Wie sieht der Zielkunde aus? Wer hat Bedarf an Ihrer Dienstleistung?

- Wessen **"Problem" löst Ihr Angebot**? Wer hat den größtmöglichen Nutzen von Ihrem Produkt?

- Wo ist Ihr Kunde zu finden? Über welche Medien und Kanäle erreichen Sie Ihr Klientel am besten?

Wichtig bei der Definition der Zielkunden ist es, nicht nur objektiv fachliche Aspekte zu beschreiben.

Denken Sie auch beim potenziellen Kunden vor allem an persönliche und emotionale Eigenschaften.

- Welcher Typ Mensch fühlt sich bei Ihrem Unternehmen gut aufgehoben?

Wie bereits erwähnt: Kaufentscheidungen werden in den meisten Fällen nicht auf rationaler, sondern auf höchst emotionaler Ebene getroffen.

- Was erwartet der Kunde eigentlich genau von Ihnen und von Ihren Produkten oder Dienstleistungen?

- Mit welcher Art der Ansprache in Wortwahl, Tonalität und Bildsprache erreichen Sie ihn am besten?

3. Ihr Marketing

Richten Sie all Ihre Marketingaktivitäten einzig und alleine auf Ihre definierte Zielgruppe aus. Die anderen, also die sogenannte breite Masse, sollte Sie nicht interessieren.

Ihre Webseite, Ihre Flyer, Ihre Auftritte in sozialen Medien müssen nicht Freunden und Familie gefallen oder gar der breiten Masse, sondern nur Ihrer (kaufenden) Kundschaft.

- Welche Botschaften (rein sachliche, technische oder eher emotionale Inhalte) wollen Sie an Ihre potenzielle Kunden senden?

- In welcher Visualisierung und welcher Tonalität soll die Ansprache erfolgen?

- Welche Kommunikationsmittel und -kanäle sind am besten geeignet, um wirklich genau Ihre (Wunsch-) Zielgruppe zu erreichen? (online – offline, Anzeigen, Flyer, usw.)

Je genauer und je konsequenter Sie Ihre Definitionen innerhalb Ihrer Vertriebs- und Marketing-Strategien berücksichtigen, desto klarer wird auch Ihre Positionierung und desto einfacher ist die Wahrnehmung für Ihre optimalen Zielkunden.

Mit diesen ersten, wenigen Schritten bringen Sie Ihre Positionierung relativ schnell auf die Straße, um eines der wichtigsten Dinge als Unternehmer zu tun: den **Kunden Lösungen anbieten! Sie sind zügig verkaufsbereit und fahren Umsätze ein.**

Mein Tipp: **Nehmen Sie sich stets genügend Zeit für Ihre Positionierung**. Es ist ein wichtiger Dauerprozess, diese regelmäßig zu hinterfragen und zu optimieren. Das bedeutet nicht alle 14 Tage, die Positionierung zu ändern, weil die Kunden nicht kommen. Denn auch Gelassenheit und Geduld sind wichtige Tugenden eines Unternehmers.

Die Grafik „Die Chronologie der Positionierung" leitet Sie ausführlicher durch dieses wichtige Thema.

Auch auf meinem Business Blog **4.0 Vertriebsmarketing** (www.cmo2go.de/blog) finden Sie einige hilfreiche Artikel und Tipps zur gelungenen Positionierung Ihrer Person und Ihres Geschäfts.

Die Chronologie der Positionierung

Selbstdefinition
- Wer bin ich?
- Was kann?
- Was will ich?

1

Angebotsdefinition
- Dienstleistungen
- Produkte
- Alleinstellungsmerkmal

2

Kundendefinition
- Wem nutzt mein Angebot?
- Persona gestalten
- Kundenansprache entwickeln

3

Hero-Angebot
- Topseller
- Unschlagbares Angebot
- Must-Have-Artikel

4

Branding
- Marke definieren
- Homebase schaffen
- Vertriebskonzept erstellen

5

Go Live
- Kampagnen starten
- Akquise betreiben

6

Ein Tipp für den Feinschliff Ihrer Positionierung

Das meiste für Ihre Positionierung müssen Sie sich selbst erarbeiten oder Sie lassen sich dabei von entsprechenden Beratern und Agenturen helfen.

Doch so einiges Nützliches für Ihre eigene Profilierung schenkt Ihnen auch der Markt.

Ein Beispiel ist das Siegel „MADE IN GERMANY".

Welches Land besitzt die beste Reputation für seine Dienstleistungen und seine Produkte? Statista.com hat es ermittelt.

„Made in Germany" ist offensichtlich hier immer noch das Mass aller Dinge und genießt ungebrochen eine der besten Reputation weltweit.

Insofern *„Made in Germany"* auf Sie zutrifft, sollten Sie dieses Qualitätssiegel für Ihre Positionierung und vor allem für Vermarktung auch nutzen.

Sie produzieren in Deutschland? Dann sagen Sie es auch deutlich Ihren Kunden. Diese werden es zu schätzen wissen. Und es gilt in den Köpfen auch immer noch der Spruch "Qualität hat seinen Preis".

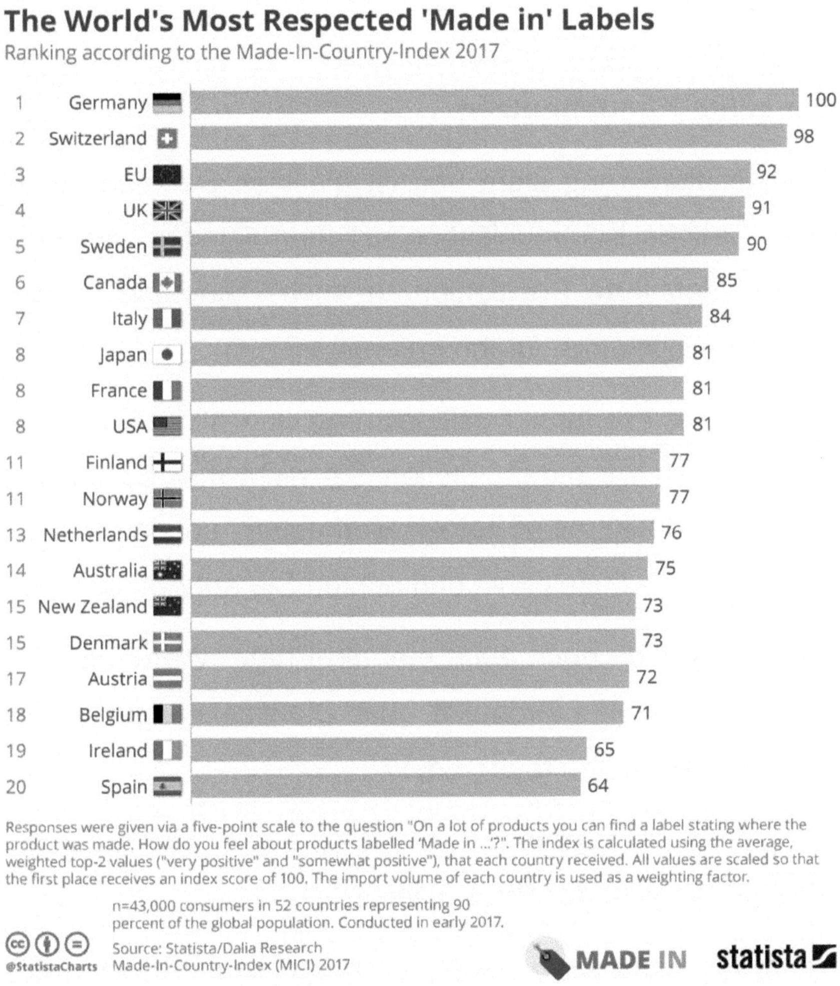

The World's Most Respected 'Made in' Labels

Ranking according to the Made-In-Country-Index 2017

#	Country	Score
1	Germany	100
2	Switzerland	98
3	EU	92
4	UK	91
5	Sweden	90
6	Canada	85
7	Italy	84
8	Japan	81
8	France	81
8	USA	81
11	Finland	77
11	Norway	77
13	Netherlands	76
14	Australia	75
15	New Zealand	73
15	Denmark	73
17	Austria	72
18	Belgium	71
19	Ireland	65
20	Spain	64

Responses were given via a five-point scale to the question "On a lot of products you can find a label stating where the product was made. How do you feel about products labelled 'Made in ...'?". The index is calculated using the average, weighted top-2 values ("very positive" and "somewhat positive"), that each country received. All values are scaled so that the first place receives an index score of 100. The import volume of each country is used as a weighting factor.

n=43,000 consumers in 52 countries representing 90 percent of the global population. Conducted in early 2017.

 Source: Statista/Dalia Research
@StatistaCharts Made-In-Country-Index (MICI) 2017

 MADE IN   statista

Quelle: statista.com

Die Kunden-Mehrwert-Kommunikation

Der echte Kundennutzen

Ihre Positionierung steht und ist glasklar. Doch wie steht es in Sachen Kommunikation mit dem Kunden? Versteht er Ihre definierte Positionierung auch? Sind Sie als der erfahrene Spezialist für ihn erkennbar?

Denken Sie bei Ihrer Positionierung und allen Aktivitäten immer an den Kunden. Stellen Sie nicht Ihre Leistungen oder Ihr Produkt mit all seinen Merkmalen, sondern seinen Nutzen in den Mittelpunkt und achten Sie auf Authentizität.

Stellen Sie sich doch auch mal die Frage: Warum kaufen Interessenten Ihre Produkte oder Dienstleistungen nicht? Na klar, Sie sind zu teuer, oder?

Ich glaube, dass der wahre Grund eines „Nichtkaufens" meist eben nicht der Preis (alleine) ist.

Vielmehr erkennen viele Interessenten den echten, wahren Nutzen, den Ihre Angebote für sie haben, nicht.

Noch eine schlechte Nachricht für Sie: In den allermeisten Fällen liegt dies nicht am potenziellen Kunden, sondern an Ihnen.

Die gute Nachricht: Mit einer wirklich kundenorientierten Formulierung bekommt man diese Thematik relativ leicht und schnell in den Griff. Alles eine Frage der Perspektive und der Kommunikation.

Und schon wieder eine schlechte Nachricht für Sie: **Kunden interessieren sich nicht für Ihre Angebote**! Kunden suchen nicht nach Ihnen. Keine Panik! Alles halb so schlimm, denn Kunden suchen eine Lösung für ein Problem, das sie haben. Und Sie müssen einfach nur kundtun, dass Sie genau diese Lösung anbieten.

Einfach, oder? Offensichtlich nicht. Die tägliche Praxis in Sachen erlebter Verkaufsgespräche, die vielen Sales und Investoren Pitches, Werbeanzeigen und Co., die mir jeden Tag begegnen, sprechen leider eine andere Sprache.

Die gute Nachricht ist, dass man eben genau am echten Mehrwert Ihrer Angebote und deren Formulierung arbeiten kann und so die Kunden für sich gewinnt. Dazu muss man sich allerdings auf einen Perspektivenwechsel einlassen.

Betrachten Sie all Ihre Angebote konsequent aus der Perspektive der möglichen Käufer und Nutzer. Neben dem rationalen Produktnutzen wird das persönliche, ganz individuelle Nutzenempfinden des Kunden sehr stark durch emotionale Faktoren beeinflusst. Es gibt also zwei, den rationalen Nutzen und den emotionalen Nutzen. Das sind die generellen Bedürfnisse, die jeder Mensch hat.

Der rationale Nutzen ist vorwiegend geprägt, durch die Vorteile, die sich durch die Anwendung des Produktes oder der Dienstleistung ergeben. Hier punkten Sie also in der Tat mit nutzerfreundlichem Design, technischen oder methodischen Produktmerkmalen, spezielle Feature und Ausstattungen sowie den Konditionen, die Sie anbieten.

Der rationale Nutzen bedient vor allem die Mehrwerte **Geld** (z.B. Umsatz machen, Kosten sparen, etc.) und **Zeit** (Zeit für andere Dinge gewinnen, mehr Freizeit, usw.).

Da wir Menschen aber eben nicht rein rational denkende und handelnde Wesen sind, sondern die (unterbewusste) emotionale Ebene eine weitaus übergewichtigere Rolle im Entscheidungsprozess hat, darf insbesondere das emotionale Nutzenempfinden nicht vernachlässigt werden.

Im Gegenteil. Gerade in den Verkaufsgesprächen sollten diese emotionalen Gründe ganz prominent formuliert und argumentiert werden. Dazu gehören unter anderen:

- der **Imagenutzen** (Markenimage, Status, Lebensgefühl),

- der **Servicenutzen** (zusätzliche Dienstleitungen, wie Wartung, Installationsservice, Zusatzangebote) oder

- der **soziale Nutzen** (Werte, persönliche Beziehung, 'Was gutes tun') und nicht zuletzt auch

- die **Sicherheit**, die richtige Entscheidung zu treffen.

Auf Nummer sicher gehen. Nicht ohne Grund ist dieser Satz ein geflügeltes Wort geworden. Menschen haben ein Grundbedürfnis nach Sicherheit. Sie wollen kein unnötiges Risiko eingehen. Das ist einer der letzten sehr wichtigen Faktoren vor dem finalen Verkaufsabschluss. Die Angst des Kunden, eine falsche Entscheidung zu treffen.

Sie kennen doch bestimmt auch die Fragen, ob Sie das garantieren können oder was ist, wenn mal was ist?

Denn die Sicherheit ist neben der Zeit und dem Geld eines der wichtigsten Kundennutzen.

All diese emotionalen Gründe gehören in Ihre Kunden-Mehrwert-Kommunikation.

QUICK-TIPP

IMMER DEN KUNDEN UND

SEINEN NUTZEN

IN DEN MITTELPUNKT

STELLEN!

Beispiel für die konkrete Formulierung des echten Kundenmehrwerts:

Sie bieten ein E-Bike an, dessen Akku eine besonders hohe Leistung bei gleichem Verbrauch wie andere Akkus mit weniger Leistung hat. Das ist das Merkmal.

Der Vorteil ist, dass das Akku dadurch längere Fahrzeiten ermöglicht, ohne ein Aufladen am Stromnetz und trotzdem nicht mehr Ladestrom benötigt.

Was ist denn nun der echte Kundennutzen? Eigentlich ganz einfach:

Der Kunde spart Geld im laufenden Betrieb des E-Bikes. Sodass sich die Anschaffungskosten schnell rentieren.

Der Kunde spart Zeit, denn er muss das E-Bike weniger häufig an das Stromnetz anschließen.

Der Kunde gewinnt Sicherheit, dass er längere Touren unternehmen kann, ohne eine Steckdose für das Rad zu benötigen.

Der echte Kundennutzen ist sehr oft eine Mischung aus rationalen Vorteilen und emotionalen Erwartungen.

Viele Studien von Neurowissenschaftlern belegen immer wieder, dass eben diese emotionalen Erwartungen einen ganz entscheidenden Einfluss auf die Kaufentscheidung haben.

4-Schritte-Leitfaden zur konkreten Formulierung des wirklichen Kundennutzens:

Um zum wirklichen Mehrwert für den Kunden zu kommen, können Sie sich an den nachfolgenden Fragen und Handlungshinweisen orientieren. Beachten Sie dabei auch, dass der Käufer nicht immer der Nutzer sein wird.

1. Was ist das Problem Ihres Zielkunden?

Nehmen Sie sich ausreichend Zeit für eine sorgfältige Ermittlung Ihres Topkunden. Wer würde (fast) ohne „Wenn und Aber" Ihre Produkte oder Dienstleistungen kaufen? Was ist das wirklich absolut dringendste Problem oder Herausforderung dieser Personengruppe?

2. Wie sieht Ihr Lösungsangebot für das Problem aus?

Können Sie dem Kunden helfen? Entwickeln Sie die beste Lösung für das oben genannte dringende Problem, für das Kunden eine möglichst individuelle Lösung suchen.

3. Formulieren Sie Ihre Lösung und vergessen Sie dabei erst einmal Produktmerkmale und Ausstattung.

Ihre Lösung für den Kunden ist nicht Ihre Dienstleistung an sich oder die technischen Merkmale Ihres Produktes. Sie sind nur Mittel zum Zweck. Es geht darum, was der Käufer und/oder Nutzer mit dem Produkt tun kann bzw. welchen Effekt Ihre Dienstleistung für ihn hat.

Addieren Sie möglichen emotionalen Zusatznutzen zum Gesamtangebot hinzu. Formulieren Sie daher den echten Kundennutzen möglichst **einfach, verständlich und präzise.** Vermeiden Sie unnötiges Fachchinesisch!

Bestimmte Merkmale oder diverse, mögliche Vorteile gegenüber vergleichbaren Produkten auf dem Markt sind nicht mit dem Nutzen für den Kunden gleichzusetzen.

Merkmale sind in der Regel bestimmte Eigenschaften oder technische Ausstattungen, über die ein Produkt verfügt. Das erzeugt aber noch keinen direkten Nutzen für den Kunden. Ebenso wenig wie ein Vorteil gegenüber einem Produkt der Konkurrenz.

4. Bringen Sie sich und Ihre Angebote in Position.

Schaffen Sie sich eine klare Positionierung! Zeigen Sie, dass genau Sie die Lösung haben oder sind, die gesucht wird. Werden Sie mit Ihrer analogen und digitalen Identität sichtbar für Ihre Zielkunden. Haben sie dabei keine Angst vor der Nische und erarbeiten Sie sich eine sehr konkrete Vertriebsstrategie mit Maßnahmenplan.

Vom Produktnutzen zu den echten Mehrwerten für die Kunden

Eigentlich ist es viel einfacher als man vielleicht denkt, von den Ausstattungsmerkmalen und den Feature sowie den Stärken Ihrer angebotenen Produkte und Dienstleistungen zum echten Kundennutzen zu gelangen. Bauen Sie sich eine Brücke vom Produktvorteil zum Kundenmehrwert.

Sie müssen aus der Produktausstattung heraus („Was kann oder hat das Produkt?") die realen Auswirkungen für den Käufer und Nutzer („Was bringt das Produkt für ihn? ") formulieren.

Wie das funktioniert, zeigt Ihnen die nachfolgende Grafik.

PRODUKTAUSSTATTUNG

Das Produkt …

- kann…
- hat …
- macht …
- besitzt …
- ist …
- usw. …

STÄRKE

KUNDENNUTZEN

Das Produkt …

- bringt Ihnen…
- spart Ihnen …
- bedeutet für Sie …
- schützt Sie vor …
- verhindert, dass …
- ermöglicht Ihnen…
- steigert Ihre …
- senkt Ihre …
- usw. …

MEHRWERT

Eine strukturierte Verhandlungsführung

Gute Planung ist der halbe Verkaufserfolg.

Ihre Positionierung ist glasklar am Kunden ausgerichtet und Ihre Kommunikation daran angepasst. Ihre Angebote sind entsprechend kalkuliert.

Dann wird es jetzt ernst: **Preisverhandlungen**, Feilschen um Konditionen, Einwandbehandlungen und so weiter.

Alle diese Dinge gehören nahezu zum Tagesgeschäft in unserer Geschäftswelt. Und dennoch verursachen sie bei vielen Menschen immer wieder ein sehr unangenehmes Bauchgefühl und enden mit deutlich zu hohen Rabatten, ungewollten Konditionszusagen oder einfach mit einem schlichtweg fehlenden Erfolgserlebnis, weil kein Verkauf zustande gekommen ist.

Doch das muss keinesfalls sein. Denn Verhandeln gehört einfach zum elementaren Handwerkszeug eines jeden Unternehmers oder Verkäufers, egal ob angestellt, selbstständig mit Dienstleistungen, Handwerk oder Start-ups mit neuen Ideen.

Das Gute: **Jeder kann es lernen!**

Jetzt hat man also sein Preismodell erstellt und sich im Preisgefüge des Marktes (vom Discount bis zum Highend Luxus) entsprechend der "Qualität seiner Dienstleistung" eingeordnet. Doch all das ist noch lange kein Garant dafür, dass der Kunde auch bereit ist, den geforderten Preis zu zahlen. Nahezu alle Produkte und Dienstleistungen sind heutzutage vergleichbar und austauschbar.

Es kommt also vielmehr darauf an, den Mehrwert für den Kunden in den Mittelpunkt des Verkaufsgespräches zu stellen. Warum soll er ausgerechnet bei Ihnen kaufen und den geforderten Preis zahlen? Schließlich gibt es sehr viele Mitbewerber auf dem Markt, welche zum Teil ein Vielfaches günstiger sind. Zumindest vermeintlich.

Man sollte sich und sein Preismodell also schon erklären können, ohne gleich eine detaillierte Auflistung von eignen Unkosten und Investitionen vorzulegen.

Vielmehr sind jetzt die gezielte Vermittlung des eignen, belastbaren Expertenstatus, des Alleinstellungsmerkmals und besonders des unmittelbaren Kundennutzens gefragt.

Eben an dieser Stelle zahlen jetzt Ihre klare Positionierung und die optimierte Kunden-Mehrwert-Kommunikation auf Ihr Verhandlungskonto ein. Darüber hinaus gibt es auch ein paar handwerkliche und psychologische Fertigkeiten, die hilfreich bei der Preisverhandlung sind, wie:

- die gute Vorbereitung auf den Kunden. (Was bewegt ihn?, Welche Fragen könnte erstellen?)

- ein guter eigner Elevator-Pitch.

- selbstbewusstes, aber keinesfalls arrogantes Auftreten. (Kunden spüren, wenn man verunsichert ist oder gar vom eignen Produkt und Preis nicht überzeugt.)

- Kundenvorteile immer, wirklich immer in den Mittelpunkt der Kommunikation stellen.

- selber viele Fragen stellen.

- den üblichen Fragen nach Preisnachlässen oder "zu teuer"-Kommentaren einfach mal mit smarten, ironischen oder gar frechen Antworten begegnen.

Nichtsdestotrotz ist eine strukturierte Planung und gute Vorbereitung auf die Kundengespräche das wahre A und O, um seinen Wunschpreis auch zu realisieren.

In der Royal Army gibt es eine Weisheit. Man nennt sie die sieben P des Erfolges: "Proper Preparation and Planning Prevents a Pissing Poor Performance". Ich übersetze das einfach mal mit: "Eine gute Planung ist der halbe Erfolg".

Verkaufsgespräche erfolgreich vorbereiten.

Ganz häufig merken wir schon im Gespräch, dass es alles andere als gut läuft. Unbequeme Fragen werden gestellt, viele Einwände vorgetragen und so weiter.

Ganz schnell ist man auch sofort dabei, die Schuld beim Gesprächspartner zu suchen. Allerdings wäre es besser, die eigene Argumentation und die Verhandlungsführung zu hinterfragen beziehungsweise die eigene Vorbereitung auf das Gespräch.

Bitte nicht die selbe 0815-Leier bei jedem Kunden nutzen.

Natürlich kenne ich die Leitfäden für den Vertrieb, die in vielen Unternehmen für die Akquise verwendet werden und oft vorgefertigte und ausformulierte Texte und Empfehlungen, wie man auf verschiedene Einwänden des Kunden reagieren soll, beinhalten.

Besonders beliebt bei telefonischer Akquise durch ein Call Center oder im internen Vertrieb. Nicht falsch verstehen! Gegen solche erstellten Leitfäden ist im Grunde gar nichts einzuwenden. Ich empfehle regelmäßig meinen Kunden, solche Hilfsmittel zu nutzen.

Nur das ganz oft folgender Fehler gemacht wird: Man lässt sich eine solche Argumentationsliste erstellen, nutzt die üblichen Verkaufsfeature und vorgefertigte Textbausteine. Teils von sehr guten Textern oder teuren Verkaufstrainern formuliert. Was ist daran falsch?

Dass nun diese eine Liste als das eine ultimative Werkzeug gilt und für wirklich alle Kunden benutzt wird. Besser wäre es, diese Liste als Basis zu nehmen und für die einzelnen Kunden zu personalisieren und anzupassen.

Bereitet man sich auf jeden Kunden individuell vor, ist man letztlich deutlich erfolgreicher. Die Mühe vorher etwas mehr Zeit zu investieren, zahlt sich schnell aus.

Man signalisiert nicht nur echtes Interesse am Kunden, sondern zeigt ein hohes Maß an Professionalität.

"Eine gute Vorbereitung signalisiert nicht nur echtes Interesse am Kunden, sondern zeigt ein hohes Maß an Professionalität."

QUICK-TIPP

SCHAFFEN SIE

GEMEINSAMKEITEN

MIT IHREM

GESPRÄCHSPARTNER!

Checkliste für die Erstellung eines Gesprächsleitfadens

Folgende Punkte sollten bei der eigenen Vorbereitung auf ein Gespräch berücksichtigt werden.

1. Eigenes Ziel festlegen:

Was möchte ich für mich und mein Unternehmen ganz konkret in diesem Gespräch erreichen? Was ergibt sich im besten Fall für mich?

Ihre Ziele sollten Sie ganz klar formulieren, zum Beispiel: einen weiteren Termin zu erhalten, eine Produktvorstellung durchführen zu dürfen, eine vorläufige Zusage oder einen direkten Verkaufsabschluss erzielen oder ergänzende und qualifizierte Informationen erhalten und so weiter.

2. Recherche:

Wer sind meine Gesprächspartner?

Ist es der wirkliche Entscheider in dieser Angelegenheit, den Sie treffen? Gibt es unter Umständen mehrere Mitentscheider? Zum Beispiel, weil im 4-Augen-Prinzip eine zweite Unterschrift benötigt wird? Ist es zwar kein Entscheider, aber ein sogenannter wichtiger Beinflusser, zum Beispiel: jemand aus der Fachabteilung, die letztlich Ihre Produkte oder Dienstleistungen zukünftig nutzen soll.

Was für ein Typus Mensch ist mein Gegenüber?

Ist es der total faktenorientierte Mensch? Muss man ihn mit Daten, Zahlen und Belegen überzeugen?

Erwartet Sie ein progressiver und innovativer Mensch, der für Neuheiten stets offen ist, auch wenn diese nicht ganz ausgereift sind?

Oder wird Ihnen eine zurückhaltende, ja vielleicht sogar eine fast schon schüchterne Person gegenübersitzen. Dann Sie müssen darauf achten, ihr nicht zu dominant und zu laut entgegenzutreten.

Welche Gemeinsamkeiten auf sachlicher, fachlicher und persönlicher Ebene lassen sich finden?

Es lohnt sich bereits im Vorfeld ausreichend Informationen zu sammeln, wie Unternehmensdaten, Zahlen, Fakten, Marktdaten oder Ähnliches.

Das Internet ist eine Quelle fast ohne Grenzen. Sie finden zahlreiche Information zum Unternehmen, aber eben auch zu den einzelnen Personen, die Ihnen gegenüber sitzen werden. Zusätzlich sollte man aber auch sein Netzwerk nicht vernachlässigen. Sie sind bei Plattformen wie Xing oder LinkedIn aktiv?

Dann nutzen Sie die Stärke Ihres analogen und digitalen Netzwerkes.

3. Ziele und Interessen der Gesprächspartner:

Was wird mein Verhandlungspartner, auf den ich treffe (höchstwahrscheinlich) ganz konkret in diesem Gespräch erreichen wollen?

Das könnten verschiedene Rabatte, andere Konditionen, mich einfach genauer kennenlernen, Referenzen erhalten und so weiter sein.

Welche Ziele seiner Organisation (Unternehmen) verfolgt mein Gesprächspartner? Das sind in der Regel: Projekte voranbringen, Kosten sparen, Umsatz oder Effizienz steigern und so weiter.

Welche persönlichen Ziele hat mein Gegenüber? Häufig sind das Karriereziele. Jeder, ausnahmslos jeder Mensch, verfolgt persönliche Interessen. Immer!

4. Fragen und Einwände meines Gegenübers:

Welche Fragen könnte der Gesprächspartner mir stellen? Diese Fragen können ganz allgemeiner Natur sein oder spezifisch zum Produkt, zur Firma, zu meiner Reputation und so weiter.

Gibt es darunter Fragen (technisch oder organisatorisch etc.), die mich in Bedrängnis bringen könnten?

Welche Einwände könnte mein Gesprächspartner ins Spiel bringen? Klassiker sind hier: zu teuer, unausgereift, nicht spezifisch genug und weitere.

5. Meine Argumentation:

Habe ich den echten Kundennutzen klar formuliert?

Es geht um echten Mehrwert und Nutzen für den Kunden und nicht um die zahlreich vorhandenen und nützlichen Features des Produktes.

Habe ich wirkungsvolle Argumente, um den Einwänden konkret und selbstbewusst zu begegnen? Steht meine Preisstrategie? Bin ich gut auf mögliche Forderungen nach Rabatten oder Zugaben vorbereitet?

6. Eigene Fragen:

Habe ich selber passende Fragen parat? Die schlechteste Antwort auf „Haben Sie noch Fragen?" ist: „Nein".

7. Nächste Schritte:

Habe ich eigene Vorschläge für konkrete Folgeschritte des Gesprächs im Gepäck?

Machen Sie es gleich fix: einen Zweittermin, eine Demo des Produktes oder was Sie in Ihrer geplanten Zielsetzung wirklich voranbringt.

Diese Checkliste finden Sie unter folgenden Link gratis zum Download:

https://cmo2go.de/wp-content/uploads/2019/03/Checkliste_Gesprächsvorbereitung.pdf

Auch wenn Sie sicherlich ganz viele Dinge, wie Zahlen, Produktdaten, Konditionen und so weiter, aus den Gesprächsvorbereitungen immer wieder verwenden können, sollten Sie sich insbesondere immer wieder neu auf individuelle Aspekte in den Gesprächen und auf das Wesen Ihres Gegenübers vorbereiten.

QUICK-TIPP

SMART TALK:

REDE WENIG!

HÖRE ZU!

SEI HILFREICH!

Verhandlungen erfolgreich führen

Grundsätzlich muss man immer unterscheiden, ob Sie mit einem Gesprächspartner reden, der schon Kunde bei Ihnen ist oder es sich um ein erstes Gespräch mit einem neuen Interessenten handelt.

Ein Bestandskunde kennt Sie schon. Er kennt die Stärken und auch die Schwächen Ihres Produktes und Sie haben schon eine persönliche Ebene zu ihm aufgebaut.

In solchen Gesprächen kommt man erfahrungsgemäß sehr schnell zum Kernthema. Aber auch hier schadet ein wenig Small Talk oder besser Smart Talk mit Sicherheit nicht.

Da er schon Kunde ist, hat er auch schon Vertrauen zu Ihnen, Ihrem Unternehmen und Ihren Produkten. Dennoch können auch solche Gespräche es in sich haben, gerade wenn es um neue Preise, veränderte Konditionen oder Vertragsverlängerungen geht.

Handelt es sich jedoch um die Akquise eines neuen Kunden? Dann ist es besser, eine andere Taktik für dieses Gespräch zu wählen.

Geben Sie Ihrem Gegenüber zunächst eine Chance, Sie als Person, Ihr Unternehmen sowie Ihre Angebote und Dienstleistungen ausreichend kennenzulernen, bevor Sie in eine harte Verkaufsverhandlungen einsteigen.

Meine persönliche Methode lautet: **K-M-V**. **K**ennenlernen, **M**ögen, **V**ertrauen.

In den vorangegangenen Kapiteln bin ich ausführlich auf die besondere Bedeutung der persönlichen Ebene in der Kommunikation eingegangen. Jetzt kommt es darauf an, diese Dinge auch anzuwenden.

Gerade bei sehr hochwertigen Dienstleistungen und bei erklärungsbedürftigen Produkten sollten Sie Ihren Kunden auch wirklich die Zeit geben, die sie benötigen. Das heißt nicht, unzählige Gespräche ohne einen Abschluss zu führen. Vielmehr gilt es den Fokus auf den Vorverkauf zu legen, um eine nachhaltige und wirtschaftlich wirksame Kundenbeziehung aufzubauen.

Es kann also notwendig sein, mehrere Gespräche im Vorfeld des eigentlichen Verkaufs zu führen. Diese können persönlich stattfinden. Aber auch Telefonate, Videochats und natürlich Onlinemarketing-Maßnahmen oder eben eine Kombination aus mehreren Kommunikationskanälen sind hier geeignete Werkzeuge.

Achten Sie beim Treffen mit dem Kunden darauf, dass Sie die Gesprächsführung übernehmen.

Somit sind Sie in der Lage, den Austausch jederzeit in die gewünschte Richtung zu lenken. Das bedeutet ganz konkret in Richtung Ihres festgelegten Zieles.

Orientieren Sie sich an Ihrer Gesprächsvorbereitung! (Checkliste).

Kommunikation hat immer mehrere Ebenen.

Ihr Gegenüber muss Sie verstehen und Sie in einer Art und Weise wahrnehmen, das Sie in sein Wertesystem passen. Das gilt nicht nur für die Dinge, die Sie sagen. Natürlich sollten Sie Ihre Produkte und Angebote in- und auswendig kennen und entsprechend der Vorbereitung präsentieren.

Doch der Inhalt ist nur ein Punkt im Verkaufsgespräch. Auch wie sie es sagen, spielt eine Rolle, und zwar eine große. Kommunikation beschränkt sich nicht auf unsere Aussagen, sondern auch die Tonalität des Gesagten und unsere Körpersprache sind Bestandteil des Gespräches. Denn mit Ihnen runden wir unseren Gesamteindruck ab, den sich der potenzielle Kunde von uns bildet.

Wie wirken Sie auf den anderen Menschen?

Authentisch, ehrlich, offen, sympathisch und charmant? Oder doch lautstark, unseriös oder gar aufdringlich?

Treten Sie selbstbewusst und überzeugend, aber dennoch keinesfalls arrogant auf. Das gilt für Ihre Wortwahl, Ihre Art zu sprechen und Ihre Bewegungen.

Zu dieser Thematik gibt es natürlich auch wieder jede Menge wissenschaftlicher Untersuchungen.

Meine persönliche Faustregel lautet:

- **15 % - das Wort: Was sage ich!**
- **45 % - der Ton: Wie ich es sage!**
- **40 % - die Körpersprache: Welche Haltung ich habe!**

Nehmen Sie immer eine offene Körperhaltung ein und demonstrieren Sie damit Offenheit gegenüber der Person, aber auch gegenüber seinen Argumenten.

Halten Sie stets Blickkontakt zum Gesprächspartner.

Wegschauen signalisiert oft ein gewisses Desinteresse an der Person oder Unkonzentriertheit.

Wie empfinden Sie es, wenn Ihr Gesprächspartner Sie nicht anschaut, während Sie mit ihm reden.

Es ist ein latent unangenehmes Gefühl, oder?

Sprechen Sie deutlich und immer mit einem freundlichen Tonfall. Bewahren Sie sich diese freundliche Tonalität auch bei negativen Aussagen, zum Beispiel die Verneinung von Extrawünschen des Kunden oder einfach die Ablehnung von Rabatten.

Sie werden merken, dass die ablehnenden Botschaften nicht ganz so hart auf Ihren Gesprächspartner wirken und so die Atmosphäre nicht abstürzen lässt.

"Es kommt nicht nur darauf an, WAS wir sagen, sondern auch auf das WIE."

Dialog statt Monolog.

Halten Sie keine Vorträge, sondern stellen Sie lieber viele Fragen. Lassen Sie den Kunden reden.

Jetzt haben Sie eine weitere Möglichkeit zusätzliche und wertvolle Informationen über Ihren Kunden zu erhalten. Das betrifft seine Bedürfnisse und seine Motivation.

Wenn Sie innerhalb des Verkaufsgespräches die richtigen Fragen stellen, sind Sie Ihrem Verhandlungspartner stets mindestens einen Schritt voraus.

Das hilft nicht nur beim Verkauf des aktuellen Produktes, sondern eventuell auch bei späteren Verhandlungen und eröffnet Ihnen die Optionen, verschiedene Angebote unterbreiten zu können.

Durch Fragen verstärken Sie auch das Interesse Ihres Gegenübers, sprechen seine Gefühle an und aktivieren dadurch seine Bereitschaft, auch Ihnen genau zuzuhören.

Übrigens, Menschen schätzen aufmerksame Zuhörer sehr. Das bringt Ihnen mit Sicherheit weitere Pluspunkte auf der persönlichen Ebene. Beweisen Sie also auch in dieser Gesprächsphase genügend Geduld und Gelassenheit.

Frageformen, die Sie nutzen und vermeiden sollten.

Die geschlossene Frage lässt nur ein „Ja" oder „Nein" als Antwort zu. Beispiel: Haben Sie Interesse?

Daher sollten Sie diese Form der Fragen sehr sparsam einsetzen und nur dann nutzen, wenn Sie wirklich eine der beiden Antworten haben möchten.

Arbeiten Sie mehr mit offenen Fragen, den sogenannten W-Fragen. Dazu gehören die Fragewörter wer, was, wie, wann, warum, wozu und weshalb. Diese Frageform zwingt Ihre Kunden zu einer Antwort in vollständigen Sätzen. Sie erhalten die gewünschten Informationen.

Ein gutes Gesprächsmittel ist die rhetorische Frage. Hier liefern Sie dem Kunden nämlich gleich die Antwort mit, und zwar auf eine Frage, die er vielleicht gar nicht gestellt hat. Beispiel: „Sie werden sich sicher schon gefragt haben: Wie funktioniert das eigentlich genau?" Und schon können Sie mehr über die Produktvorteile, Funktionsweise und besonders über den Mehrwert für den Kunden reden.

Wer also Fragetechniken beherrscht, führt das Gespräch.

Ein weiterer Vorteil des intensiven Zuhörens ist, dass Sie schnell erkennen, was dem Kunden wirklich am Herzen liegt oder auf der Seele brennt.

Denn nur die tatsächliche Schnittmenge der Suche des Kunden und Ihrer Angebotsbreite ist die einzige Relevanz, die Sie mit dem Gesprächspartner wirklich verbindet.

Darauf sollten Sie bei allen Kundengesprächen achten. Menschen wollen in erster Linie nur die für sie wirklich relevanten Informationen bekommen und nicht die ganze Bandbreite drumherum.

Relevanz ist die Entscheidungsgrundlage für den Kunden.

Ist diese relevante Schnittmenge nachhaltig platziert und befestigt, können Sie Ihre Gesprächspartner mit weiteren Informationen versorgen, um das Gespräch abzurunden.

Beispielsweise weitere Beweise in Form von Case Studies oder Referenzen anderer Kunden liefern.

Nehmen Sie sich und Ihre bisherigen Leistungen zurück und prahlen Sie nicht zu Beginn mit den großen Namen

Ihrer Kunden. Es geht zuerst immer um den Mehrwert, den Sie Ihrem Verhandlungspartner bieten können.

Referenzen anderer Kunden sind durchaus sehr wichtige Informationen für Ihren Gesprächspartner und dienen der Belastbarkeit Ihrer Produkt- und Leistungsversprechen. Aber trotz Ihrer bisherigen Erfolge wird der Kunde nicht kaufen, wenn er keinen Mehrwert und Nutzen für sich selbst erkennen kann.

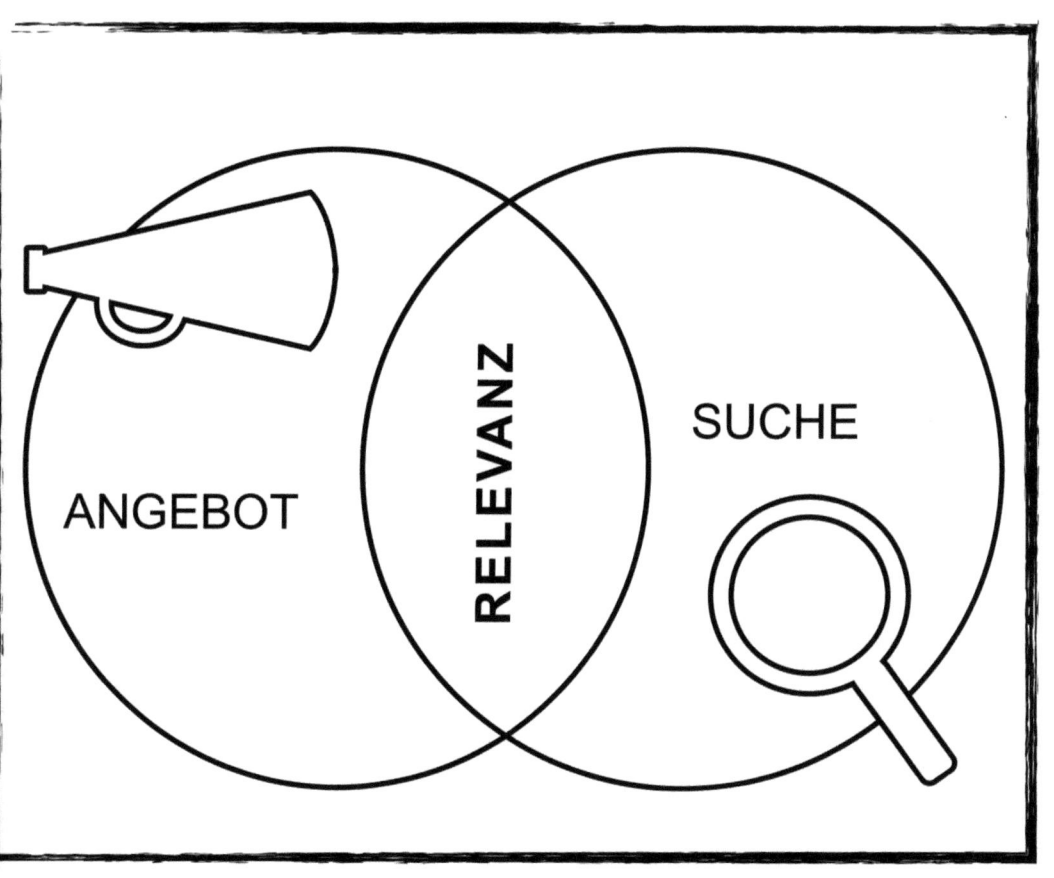

ANGEBOT · RELEVANZ · SUCHE

Die zeitliche Investition in Ihre akribische Vorbereitung zahlt sich aus. Jetzt!

Sie werden schnell merken, dass es sich gelohnt hat, Zeit, Arbeit und vielleicht sogar ein paar Euro in die intensive Vorbereitung auf Ihren Kunden zu stecken.

Sie zeigen Kompetenz und Professionalität. Sie kennen Ihr Angebot sehr gut und geraten nicht ins Stocken bei Nachfragen. Sie haben auf nahezu alle Fragen Ihres Kunden eine passende und zufriedenstellende Antwort. Sie zeigen Verständnis für Einwände, können diese aber gut entkräften oder haben ein Alternativangebot parat.

Da Sie sich nicht nur mit dem Unternehmen, sondern auch mit der jeweiligen Person, die Ihnen in den Verhandlungen gegenübertritt, beschäftigt haben, können Sie auch auf persönliche Ziele eingehen.

Des Weiteren können Sie nun Gemeinsamkeiten schaffen, die zu einer persönlichen Bindung führen kann. Beispiele sind hier: gemeinsame Bekannte, ähnlicher Karriereweg, gemeinsames Hobby und so weiter.

So gelingt es Ihnen, sowohl auf fachlicher als auch auf persönlicher Ebene eine für alle Beteiligten angenehme und entspannte Gesprächssituation zu schaffen.

Das Wichtigste ist aber, dass Sie es schaffen den **echten Kundennutzen, den wirklichen Mehrwert in den Mittelpunkt des Verkaufsgespräches zu rücken**, und zwar auf möglichst emotionale Weise.

Weg von den Produktvorteilen und -ausstattungen hin zu Mehrwerten für den Kunden.

Machen Sie den Kunden neugierig auf Ihr Angebot und lassen Sie den Funken der eigenen Leidenschaft auf den Kunden überspringen. Je mehr Sie über den Nutzen und emotionalen Wert des Produktes reden, desto weniger reden Sie über den Preis.

Außerdem ergibt sich damit ein weiterer Vorteil für Sie. **Aus dem ursprünglichen Verkaufsgespräch Ihrerseits wird ein Einkaufsgespräch seitens des Kunden.**

Das ist für Sie pures Gold wert.

Der Grund ist ganz einfach. Menschen lassen sich nun mal nicht gerne etwas verkaufen. Unser Gehirn mag das einfach nicht.

Menschen wollen lieber einkaufen, weil es ihnen das gute Gefühl vermittelt selbstständig diese Entscheidungen zu treffen. Man sorgt selbst für die Lösung des vorhandenen Problems. Man bedient seine Bedürfnisse durch eigenes Zutun und selbstständiges Entscheiden. Dieses Verhalten löst im menschlichen Gehirn einen positiven Effekt aus.

Und dann doch: Feilschen um den Preis!

Natürlich kommt irgendwann der Punkt, an dem Sie den Verkauf abschließen wollen und der Kunde womöglich noch einmal über den Preis reden will.

Auch der Kunde ist vorbereitet. Er hat Fragen, will auf Nummer sicher gehen und es ist vielleicht Standard nach den Preisen oder Rabatten zu fragen. Vielleicht empfindet er ihn als fair und akzeptiert ihn oder will nur sehen, ob noch was geht. Er bringt Einwände vor.

Sind es echte Einwände, die gegen das Produkt oder die angebotene Dienstleistung sprechen? Oder sind sie nur vorgeschoben? Sind es nur Ausreden?

Gehen Sie der Sache durch gezieltes Nachfragen auf den Grund. Auch hier macht sich Ihre gründliche Vorbereitung nun bezahlt. Denn die meisten Einwände können Sie jetzt schnell aus den Weg räumen.

Bleibt die Diskussion über den aufgerufenen Preis. Doch auch dieser Punkt lässt sich dank Ihrer guten Vorbereitung auf dieses „ewig lästige Thema" mit guten Argumenten und cleverer Strategie vom Tisch räumen.

Im Hinterkopf sollte man immer haben, dass Verkaufen ein Handwerk ist, bei dem es auch auf ein paar technische Feinheiten ankommt.

Ich schätze, dass in fast 80% der Verkaufsgespräche der Verkäufer selbst, die befürchtete Preisdiskussion in Gang bringt. Und zwar durch verschiedene Signale, die er an seinen Verhandlungspartner aussendet.

Meist unterbewusst signalisiert er: "Komm lass uns über den Preis reden! Da geht noch was für Dich!"

Hier ein paar praxiserprobte Umsetzungstipps, um eine solche Gesprächsrichtung möglichst schnell umzukehren oder im besten Fall zu vermeiden.

Vermeiden Sie Weichspül-Phrasen!

Es gibt bestimmte Formulierungen und zahlreiche Wörter, die man als Verkäufer leider allzu gerne benutzt und die negative Signale aussenden.

Ich nenne diese Worte: Weichspül-Phrasen. Mit diesen Wörtern und Sätzen spülen Sie selbst Ihre hart erarbeitete und knallharte Mehrwert- und Nutzenargumentation leider wieder kuschelweich. Welche Formulierungen zum Feilschen der Preise einladen? Zum Beispiel:

- **eigentlich**

- **kommt darauf**

- **circa**

- **überlicherweise**

- **Listenpreis**

- **branchenüblich**

- **Der Preis liegt bei**

- **sonst**

- **normalerweise**

- **meine Preisvorstellung liegt bei**

Diese und ähnliche Formulierungen signalisieren Ihrem Verhandlungspartner im Unterbewusstsein: Jetzt geht die Preisverhandlung los. Streichen Sie diese Worte einfach aus Ihrem Repertoire. Das wird Ihnen helfen.

Natürlich haben Sie auch von vornherein die Möglichkeit, einen Preisnachlass mit in die Kalkulation zu nehmen und so dem Kunden entgegenkommen zu können. Bedenken Sie aber bei Ihrer Preisstrategie, dass es nie ein Problem sein wird Preise zu senken und Rabatte zu geben.

Ihnen sollte aber bewusst sein, dass es um ein Vielfaches schwerer wird, einen Preis auf niedrigen Level später wieder nach oben zu korrigieren. Ein verhängnisvoller Fehler, den leider viele Unternehmer mit der Insolvenz bitter bezahlt haben.

Es ist für Ihre Unternehmensentwicklung enorm wichtig, wirtschaftlich sinnvolle Preise zu etablieren.

Es ist also durchaus ein zweischneidiges Schwert mit Neukundenrabatten zu arbeiten, und zwar auch wenn weitere Aufträge in Aussicht gestellt werden.

Mein Tipp: Bieten Sie Ihren potenziellen Kunden besser einen Nachlass auf den zweiten oder dritten Auftrag an.

Zu teuer gilt nicht!

Die allgemeine Aussage „zu teuer" sollten Sie nicht pauschal gelten lassen. Zumindest nicht, ohne genau nachzuhaken. Fragen Sie Ihren Verhandlungspartner, was "zu teuer" genau bedeutet.

Wie viel zu teuer im Verhältnis zu welcher Grundlage? Angebot eines Mitbewerbers? Bitten Sie in diesem Fall, zu prüfen, ob der Leistungsumfang identisch ist.

Darüber hinaus haben sie weitere Optionen für die Preisverhandlungen, die Sie Ihrem Gegenüber anbieten können. Fragen Sie den Kunden, was er bereit wäre, zu bezahlen und wie viel er im Moment für die Dienstleistung "xyz" zahlt? Welche Leistungen umfasst der aktuelle Preis?

So haben sie die Möglichkeit zu prüfen, ob Ihr Angebot marktgerecht eingepreist ist. Mit welchen Rabatten Ihre Konkurrenz arbeitet oder ob sich durch Anpassen des Leistungsumfangs der Preis anders gestalten lässt.

Last but not least, erfahren Sie, welche Preisvorstellungen die Kunden haben.

Ihr Kunde sagt, er hat kein Budget.

Bleiben Sie auch hier unbedingt am Ball. Wann wäre der ideale Zeitpunkt wieder ins Gespräch zukommen? Können Sie ihm vielleicht ein Finanzierungsangebot machen.

Vielleicht benötigt der Kunde aber auch noch zusätzliche Informationen, wie sich die Wertigkeit und der Preis Ihres Angebotes zusammensetzen. Vielleicht braucht er weitere Argumente, um den geplanten Einkauf intern (innerhalb seines Unternehmens) zu vertreten.

Eine gute Vorbereitung hilft auch hier, denn Sie haben auch für diesen Fall die passende Unterstützung für ihn bereits in der Schublade.

Eine gute Alternative kann es auch sein, dass Sie Ihren Leistungsumfang in dem Angebot analog zum Preis nach unten oder oben korrigieren.

Ein gutes Mittel bei schwierigen Verhandlungen ist es mit Zusatzleistungen im Bereich Servicenutzen zu punkten.

Das können zum Beispiel sein: Anzahl x freie Wartungen oder Coaching-Sessions, Installationsservice oder weitere Zusatzangebote je nach Branche.

Ja, auch solche Angebote kosten Geld. Der Vorteil hierbei ist aber, dass sich diese Varianten für Zugaben sehr gut limitieren lassen und dafür sorgen, dass Sie Ihr definiertes Preisniveau aufrecht erhalten beziehungsweise etablieren können.

Bieten Sie „auf Nummer sicher gehen" an.

Alles passt. Sogar der Preis und doch klemmt es noch irgendwo im Verkaufsprozess. Das haben Sie doch auch bestimmt schon mal erlebt. Ihr Angebot sagt dem Kunden zu. Er ist fast Feuer und Flamme für Sie und Ihr Produkt. Trotzdem zögert er immer noch beim Kauf.

Alles umsonst? Die intensive Vorbereitung, die smarte Gesprächsführung oder Ihre clevere Argumentation der Wertigkeit?

Nein, Sie haben wahrscheinlich alles richtig gemacht.

Manchmal klemmt es einfach beim Thema Sicherheit. Damit meine ich nicht die technische oder funktionale Sicherheit hinsichtlich des Produktes oder Dienstleistung.

Menschen haben ein ausgeprägtes Grundbedürfnis nach innerer Sicherheit.

Sie wollen kein unnötiges Risiko eingehen. Das ist sehr oft einer der letzten hartnäckigen Faktoren, die dem finalen Verkaufsabschluss im Wege stehen.

Die Angst des Kunden, eine falsche Entscheidung zu treffen.

Sie kennen doch bestimmt auch die Fragen, ob Sie das garantieren können oder was ist, wenn mal was ist?

Ist Ihnen schon mal aufgefallen, dass fast kein Kunde ein (vermeidbares) Risiko eingehen möchte. Mit allen Mitteln versuchter, dem Verkäufer auch noch diese Last zu 100 Prozent aufzudrücken?

Wenn Sie nun die Kaufentscheidung, die Ihr Gegenüber im Grunde schon getroffen hat, nicht noch daran scheitern lassen wollen, können Sie dieses letzte Hindernis einfach aus dem Weg räumen. Sie stehen zu Ihrem Produkt und Dienstleistungen, wie im oberen Absatz beschrieben?

Dann nehmen Sie doch auch dieses vermeintliche Risiko auf sich und geben Ihrem Kunden die Sicherheit, die er haben will, um sich wohlzufühlen mit seiner Entscheidung.

Knacken Sie diese Entscheidungsblockade einfach.

Am besten machen Sie das sogar proaktiv und etablieren diesen Punkt bereits fest als Bestandteil Ihres definierten Verkaufsprozesses.

Ein paar Beispiele, wie Sie Ihrem Kunden mehr Sicherheit vermitteln können:

- Eine Zufriedenheitsgarantie oder (anteilig) Geld zurück innerhalb von Zeitraum xyz gewähren.

- Erfolgreich das Ziel erreichen innerhalb von … Tagen (Wochen) oder es gibt … (Geld zurück, kostenfreien Ersatz, neues Coaching ohne Berechnung, …).

- Vereinbarter Termin wird fest eingehalten oder es gibt x% Preisnachlass.

- Test- bzw. Probezeiträume vereinbaren ohne Kosten für den Kunden.

- Kostenfreier Premiumsupport für eine gewisse Anzahl von Monaten oder sogar dauerhaft.

Natürlich lassen Sie nicht all diese Beispiele für jedes Geschäftsmodell verwenden.

Aber für jedes Geschäftsmodell gibt es eine passende "Sicherheit-Garantie-Lösung" für Ihre Kunden.

"Aber", höre Sie jetzt schon sagen: "Das nutzen doch bestimmt ganz viele aus."

Nein! Keine Angst, wenn Ihr Angebot wirklich passt für den Kunden und Sie die geweckte Erwartungshaltung auch erfüllen, dann wird er zufrieden sein und Sie auch nicht ausnutzen.

Warum bleibt Ihr Verhandlungspartner denn nur so hartnäckig bei der Preisdiskussion?

Sie haben alles richtig macht und haben das feste Gefühl, dass Ihr Gesprächspartner eigentlich gerne kaufen will. Trotzdem fängt er immer wieder mit dem Preis an.

Auch das hat einen Hintergrund. Idealerweise haben Sie diesen bereits durch die geübten Fragetechniken ermittelt und entschärft. Dennoch hier weitere Tipps aus der Praxis für den Umgang mit den Preisbeißern.

Der Profi

Gerade die professionellen Einkäufer großer Firmen haben meist intern entsprechend harte Regelungen. In ihren leistungsbezogenen Verträgen sind Vereinbarungen enthalten, die mit bestimmten Kennziffern verbunden sind.

So kann es sein, dass die Einkäufer zum Beispiel eine bestimmte Zielmarge erreichen müssen oder sollen. Es geht letztlich also auch um deren eigene Geldbeutel.

Tipp 1: Geben Sie ihnen ruhig die gewünschte Marge in Prozent. Da Sie durch Ihre intensive Recherche im Vorfeld wissen, dass so was auf Sie zukommt, haben Sie diesen Rabatt bereits eingepreist. Er geht also letztlich nicht zu Ihren Lasten.

Tipp 2: Wandeln Sie angedachte kostenfreie Zugaben, wie Installationen, Updates, kostenfreie Lieferung oder ähnliches in zum Teil kostenpflichtige Bestandteile um und streichen Sie diese Summe dann wieder großzügig raus.

Tipp 3: Streichen Sie einige geplante Leistungen wieder aus den Angeboten raus und bewahren Sie die Wertigkeit Ihres unternehmerischen Tuns.

Der falsche Kunde, die falsche Branche?

Insofern Sie sichergestellt haben, dass

a) die Wertigkeit tatsächlich dem geforderten Preis und der Erwartungshaltung des Kunden entspricht und

b) Ihr Produkt, Ihre Dienstleistung oder Ihre Angebote tatsächlich mindestens ein Unterscheidungsmerkmal zu anderen hat und sich nicht nur im Preis unterscheidet,

sollte der Kunde in der Schlussphase der Verhandlung nichts mehr zu bemängeln haben.

Er fordert dennoch exorbitante Preisnachlässe? Dann sollten Sie sich fragen, ob dies tatsächlich Ihr Zielkunde ist. Lohnt es sich dann überhaupt, den Aufwand für den Verkauf zu betreiben? Manchmal tut man gut daran, nicht zu verkaufen. Denn kein Geld verdienen, können Sie am besten ganz ohne Kunden.

Ja, es gibt sie! „Schweine-Branchen". Und ich meine nicht die ehrenwerte Landwirtschaft.

In manchen Branchen herrschen einfach nur Kampfpreise. Sollte es Ihnen dann nicht gelingen, Kunden-Mehrwerte zu kommunizieren oder sie werden einfach missachtet, sollten Sie sich fragen, ob Sie Ihre Energie und Kreativität nicht in einem lukrativeren Gebiet entfalten sollten.

Meistens sind diese Gebiete wirklich nur wenige Nuancen von den Bereichen entfernt, in denen Sie aktuell tätig sind. Stichwort: Innovation.

Stecken Sie ausreichend Anstrengungen in Innovationen und die Weiterentwicklung Ihres Produktes, um aus dem Marktumfeld vieler Mitbewerber deutlich hervorzustechen. Die Digitalisierung ist diesbezüglich Ihr bester Freund.

Tipp: Fokussieren Sie sich auf die Ausgabenseite. Drehen Sie hier an Ihren eigenen Kosten, um der Verringerung der Marge entgegenzuwirken.

Das können Sie bei den tatsächlich produktbezogenen Kosten tun, wie Einkaufspreise, Verpackungskosten und andere Ausgaben, die mit dem Produkt verbunden sind.

Aber auch alle anderen Sachkosten sollten Sie auf den Prüfstand stellen und optimieren. Das verschafft Ihnen ebenfalls Luft beim Verkaufspreis.

Sie können auch versuchen, niedrigere Preise mit höheren Abnahmemengen zu verbinden. Das gibt Ihnen wiederum einen Spielraum auf der Beschaffungsseite.

Der Sportsfreund

Es gibt einfach Menschen, die können nicht anders. Ihr Lieblingssport heißt „Was können Sie denn da noch am Preis machen".

Und diesem Sport gehen sie mit einer beeindruckenden Leidenschaft nach. Sie wollen feilschen um jeden Preis. Im wahrsten Sinne des Wortes.

Dabei geht es diesen Verhandlern meist gar nicht wirklich um einen konkreten Rabatt. Oft sind Sie mit dem Angebot zufrieden und einverstanden und trotzdem können sie es einfach nicht lassen. Ein Sportsfreund eben.

Mein Tipp: Er hat viel Spaß am Verhandeln selbst. Das Ergebnis ist oft nur Nebensache. Zeigen Sie Humor und gehen Sie auf sein Spielchen ein.

Lassen Sie ihn gewinnen. Dann ist er zufrieden. Auch hier gilt für Sie, dass Sie diesen „Sportlerbonus" vorher mit in den Preis einkalkulieren.

Diese Beispiele haben alle eines gemeinsam. Sie sind vorhersehbar.

Deswegen können Sie sich darauf vorbereiten sowohl kalkulatorisch als auch rhetorisch und sind bestens gewappnet für die Gespräche.

Es ist eben doch alles eine Frage der guten Vorbereitung auf Ihren Kunden und den Inhalt.

QUICK-TIPP

ALS VERKÄUFER

EINFACH MAL

ZU EINEM SEMINAR FÜR

EINKÄUFER GEHEN!

Das richtige Mindset

Sie kennen Ihre Produkte und Angebote bestens, sind sehr gut auf Ihren kommenden Gesprächspartner und Verhandlungsgegner vorbereitet und eingestellt.

Die Angebote, notwendige Alternativen und auch die Behandlung von möglichen Einwänden des Kunden haben Sie gut ausgearbeitet.

Wort, Ton und Körpersprache haben Sie im Griff.

Ihr Auftreten ist emphatisch, sympathisch und wirkt authentisch und nicht etwa einstudiert. Dann steht dem Verkaufserfolg eigentlich nichts mehr im Weg.

Eigentlich. **Doch die Praxis besteht eben nicht aus einer 100 % Erfolgsquote.**

Das sollte Ihnen bewusst sein. Auch mit Rückschlägen müssen Sie rechnen, denn nicht jeder Kunde wird kaufen. That's life.

Das sollte Ihrer Motivation aber keinen Abbruch tun, denn die ist sehr wichtig für Verhandlungen aller Art.

Bleiben Sie dran und analysieren Sie, warum es nicht für ein Verkaufsabschluss gereicht hat. Stellen Sie jeden Kunden jedes Mal die eine berühmte letzte Frage. „Warum haben Sie tatsächlich nicht gekauft?" Je mehr Sie dabei erfahren, desto besser können Sie anschliessend Ihre Angebote optimieren.

Ohne diese Motivation und das nötige Mass an Disziplin und Fleiß in der Vorbereitung, der Umsetzung und der Nachbereitung Ihrer Vertriebstermine, wird der dauerhafte Erfolg ausbleiben. Des Weiteren helfen Ihnen alle neuen Informationen auch bei der weiteren Optimierung Ihrer eigenen Positionierung und Profilschärfung.

Noch eine Anmerkung zur Motivation:

Die beste Preisstrategie, die intensivste Recherche und Vorbereitung sowie das sympathischste Auftreten reichen nicht aus, wenn man sich fast zu jedem Kundengespräch zwingen muss.

Wer zum Kunden muss und nicht wirklich will, wird sich sehr schwertun, erfolgreich zu verkaufen und den Preis durchzusetzen.

Sie müssen es wollen. Wirklich wollen.

Fazit

Wagen Sie doch einfach mal einen beherzten Schritt vom reinen Produktmarketing hin zum Servicemarketing.

Immer im Blick: den echten Kundennutzen für Ihre Käufer. Denken Sie daran, dass der Käufer nicht immer der Nutzer des Produktes ist. Im B2B-Bereich ist das oft der Fall.

Stellen Sie den emotionalen Mehrwert für Ihre Kunden, also die Bedienung des dringendsten Bedürfnisses und seines eigentlichen Problems, immer in den Mittelpunkt Ihrer Positionierung, Ihrer Kommunikation und machen Sie ihn zum zentralen Ansatzpunkt Ihrer Preisstrategie und bei Verhandlungen.

Eine glasklare und kantige Positionierung und deren konsequente Kommunikation auf allen Kanälen sorgt für eine erfolgreiche Wahrnehmung Ihrer Marke und Ihrer Wertigkeit bei Ihrer Zielgruppe.

Je klarer Sie sich positioniert haben, desto sichtbarer sind Sie und Ihr Angebot für die wirklich passende Zielgruppe.

Entscheidend dabei ist die Wahrnehmung aus Sicht Ihrer Wunschkunden.

Wagen Sie also bei Optimierung Ihrer Positionierung und der Angebotsgestaltung den Perspektivenwechsel. **Setzen Sie voll und ganz auf Kundenzentrierung von A bis Z bei Ihren Prozessen.**

Haben Sie keine Angst davor, vorhandene Kaufblockaden auf Kundenseite lösen zu müssen.

Investieren Sie ausreichend Zeit in die Vorbereitung von Verhandlungen. Bauen Sie eine emotionale Ebene zu Ihrem Verhandlungspartner auf und übernehmen Sie die Gesprächsführung.

Bleiben Sie dran. Lassen Sie sich nicht bei den ersten Einwänden abschrecken. Hinterfragen Sie diese gezielt und bieten Alternativlösungen an.

Rabatte sollten Sie nur ganz bewusst und gut einkalkuliert gewähren. Vermeiden Sie eine aufkommende Gefahr, eine Preisspirale nach unten loszutreten. Bieten Sie daher auch immer Alternativen zum Rabatt an.

Stehen Sie selbstbewusst, aber keinesfalls arrogant zu der Wertigkeit Ihrer Produkte und Dienstleistungen. Bieten Sie dem Kunden echte Lösungen und Hilfe an.

Ein Preis muss natürlich marktgerecht und fair sein. Das heißt, er sollte in einem guten Verhältnis zur Wertigkeit des Kundenbedürfnisses stehen. Ein gutes Mittel dazu ist, immer etwas besser zu sein. Etwas mehr zu liefern als der Kunde es erwartet. Überraschen Sie ihn positiv.

Die beste Preisverhandlung ist die, die es nicht gibt.

Je besser Sie es schaffen, sich zu positionieren, Kunden-Mehrwerte ganz klar zu kommunizieren und das Gros der Empfehlungen und Praxistipps aus diesem Buch für sich und Ihre Verhandlungen zu nutzen, desto leichter werden Sie erfolgreich verkaufen und Preisbeißer-Kunden werden zunehmend weniger werden.

In diesem Sinne wünsche ich Ihnen an dieser Stelle viel Erfolg für zukünftige Verhandlungen.

Viele weitere Impulse für Ihr Vertriebsmarketing und die Optimierung Ihrer Geschäftsprozesse finden Sie auf dem 4.0 Vertriebsmarketing Blog auf cmo2go.de/blog.

„Ideas are easy.

Implementation is hard"

- Guy Kawasaki -

Manchmal ist der Weg uneben, steil und steinig.

Sie haben jetzt einen Leitfaden und Lösungsansätze, mit denen Sie Ihre nachhaltige Preisstrategie erstellen sowie Ihre nächsten Verhandlungen planvoll und gut strukturiert vorbereiten können.

Die Umsetzung kann beginnen. Aber wie sagte schon G. Kawasaki: "Ideas are easy. Implementation is hard."

Wenn Sie also noch einen weiteren Anstoß brauchen, um Ihre Vertriebsstrategie auch auf die Straße zu kriegen, ist das kein Problem. Nehmen Sie einfach Kontakt mit mir auf und lassen Sie uns ins Gespräch kommen.

CHRISTIAN RAHN

chris.rahn@cmo2go.de

+49 162 283 8768

www.cmo2go.de

Für Ihre Notizen